Maria Kalt

Mosaik einer Psychose

21 Szenen

Maria Kalt

Mosaik einer Psychose

21 Szenen

*Das ist die Geschichte einer Frau, die Wahn er-
lebt. Gewidmet jenen Menschen, die damit auf
der Straße gestrandet sind:*

*„In Dein Auge schaute ich jüngst, oh Leben!
Und in´s Unergründliche schien ich mir da zu
sinken." (Friedrich Nietzsche, 1883)*

Bibliografische Information der Deutschen Nationalbibliothek: Die Deutsche Nationalbibliothek verzeichnet diese Publikation in der Deutschen Nationalbibliografie; detaillierte bibliografische Daten sind im Internet über http://dnb.dnb.de abrufbar.

Verlag: BoD · Books on Demand GmbH, Überseering 33, 22297 Hamburg, bod@bod.de

Druck: Libri Plureos GmbH, Friedensallee 273, 22763 Hamburg

ISBN: 978-3-7693-6692-1

Volksmund

Für die 70 E-Mails, die sie täglich schreibt, genügen ein paar Floskeln und Standards, die Ninas Wortschatz überschrieben haben. Sie ist während des Arbeitens geistig verarmt und nun fehlt es ihr an Vokabular für die Geschehnisse während des Arbeitens.

„Danke. Weiter so."

Wie häufig sie diesen Satz schon in die Welt geschickt hat? Verheiratete Verwaltungsangestellte in einer Sprachschule in Paris, liest linke Literatur, hört Punk-Musik.

„Wir freuen uns auf die Zusammenarbeit."

Das war die fröhliche Botschaft bei der Einstellung gewesen. Und die neuen Kolleginnen hatten nicht begriffen, warum Nina während der Einstellungsfeier in Tränen ausgebrochen war. Oder hatten sie es als Freude interpretiert? Mit wem würde sie jemals über ihre Lebensunlust, das allgemeine Scheitern ins Gespräch kommen? Über ihre Sprachblockaden?

Nina fehlen buchstäblich die Worte; sie schafft sich – aus ihrer Sicht sehr konsequent – ein Buch „Deutsche Redewendungen" an.

Damit setzt sie sich nach der Arbeit in ein Café. Empfindet diebische Freude am Herausschreiben, an der Sinnlichkeit der Worte. Sie versucht sich mit einer neuen Standard-Email:

„Danke. Hals- und Beinbruch.“

Nun steht es da. Der Volksmund in der Email-Kommunikation einer Sprachschule. Die Redewendungen reiben sich am anderen Vokabular. Die nächsten Wochen baut Nina alle Standard-E-Mails um und spürt nicht, was sich anbahnt.

Thesaurus

Nina steigert sich rein in Wortlosigkeit, Wortsuche. Sie sucht Synonyme im Internet, einen allgemeinen Thesaurus. Um scheinbar auf ewig in Arbeitsprozessen, Effizienz begründete Worte zu ersetzen. Rasch entdeckt Nina im Internet das „Woxikon". Die dort angezeigten Worte flashen sie wie die deutschen Redewendungen. Was folgt ist wochenlanges Umherklicken im Woxikon und jedes neue Synonym scheint eine Offenbarung – Nina tippt und klickt sich in einen regelrechten Rausch. Nina braucht, inhaliert den Wortstoff. Damit beginnt es. Wohl mit den Momenten, als Nina kein Programm mehr vor sich sieht, sondern Beobachter hinter der Website vermutet. Schriftliche Gesprächspartner, Experten für ihr Unwohlsein im persönlichen Umgang mit Menschen. Inzwischen platziert Nina am Tag fixe Stunden, in denen sie nur noch in Interaktion mit dem Woxikon ist. Aus Scham sperrt sie in anderen Stunden wiederum die Seite, das Internet.

Nina tippt ein: „Es geht mir nicht gut." Synonym gesucht. Für einen Zustand, eine Stimmung, die allgemeine Unsicherheit. Was war bloß los mit ihr? Warum fühlte sich das Leben so falsch an? Nina hat bizarre Geistesblitze. Eingebungen wie, dass lange Vokalserien für die Seele, den Ateeem stehen. Google? Ein „Oh" im Flow. Rutscht ihr beim eigenen

Schreiben ein I zwischen Buchstaben, so ist sie meist in ihrer Passion, ein verkappter Cunnilingus. Alle Fehler machen Sinn! „Jesus“ heißt in Ninas Vorstellung wegen dem französischen „Je suis“ ebenso. Ich bin (das Blut). Das englische I ist historisch aus seinem Namen verschwunden, weil Jesus alle betrifft. Uns alle.

Autorität und Punk

Nina ist schwanger geworden. Sie fühlt eine Wohligkeit mit ihrem dicken Bauch, dem Wesen, das sich in ihr wie ein kleiner Fisch bewegt. Die Schwangerschaft erscheint ihr ein Wunder. Und gleichzeitig wird sie Nina an jene Grenzen bringen, in denen sie sich bis hierher bewegt hat. Und darüber hinaus. Sie ist immer noch unsicher im Kontakt zu Menschen, hat viele Fragen in Bezug auf die Schwangerschaft und der Großteil bleibt über die Bücher, die Nina liest, unbeantwortet. Was wollte sie dem Säugling, ihrem Schatz, dem zukünftigen Erben über das Leben auf der Erde beibringen? Was dem neuen Menschen auf den Weg mitgeben? Wird Nina Grenzen aufzeigen oder für ihr Kind Wünsche wahrmachen? Wie ist Nina selbst gegenüber Autorität eingestellt? Was lernt das Baby vielleicht schon von, mit ihr, bevor es auf die Welt kommt? Klassische Musik für Babies im Bauch interessiert Nina nicht. Stattdessen tönen aus den Boxen in ihrer schönen Altbauwohnung während der Schwangerschaft zwei Songs auffällig häufig:

„Ich möchte nicht, dass Ihr meine Lieder singt." (Jan Delay)

„Hast Du nichts Besseres zu tun, als die Ärzte zu hörn." (Die Ärzte)

In Endlosschlaufe. Und da war dieser Abend, ein Punkkonzert und Einer namens Fels stand im Bademantel auf der Bühne. Performte und herrschte dabei die schwangere Nina und die anderen Gestalten, die vereinzelt auf der Tanzfläche mitwippten, an:

„Hey, hört auf, zu meiner Musik zu tanzen."

„Ich möchte auf gar keinen Fall, dass Ihr applaudiert."

Nina fand solche ambivalenten Botschaften betörend, mindestens mega-interessant. Was für ein Lebensgefühl! Welche Auffassung der Welt steckte dahinter? Welche Auffassung von einer guten Mutter? Was wollte Nina für das Baby, was für sich selbst? Eigene Regeln?

Platz da

In den Wochen nach der Geburt verbreitet das Baby einen gemütlichen Duft in der Wohnung. Unerwartet war es kein Junge, sondern ein rosa, weiches Mädchen geworden. In direkter Linie zur Mutter, zur Großmutter, zur Urgroßmutter. Und dieses Mädchen scheint aus einer anders getakteten Welt auf diese Erde, in das verdunkelte Schlafzimmer geworfen. Es strahlt wohliges Sein aus seinem Körbchen aus. Es hat diese, Ninas archaische Langsamkeit, ebenso komische Vorstellungen von Schlaf- und Wachzeiten. Dem an- und abschwellenden Schreien solle Nina nun eine Richtung, einen Rhythmus geben, so steht es in den Büchern, so hatte man es ihr im Krankenhaus empfohlen: „Die werden sonst zu kleinen Draculas", hatte ihr eine Krankenschwester des Nachts im Krankenhaus ins Ohr geraunt. Alle vier Stunden gab Nina also ihrem Baby die Brust, und zwar 10 Minuten die eine, 10 Minuten die andere Brust. Das Baby musste es durch die Mutter lernen.

Es ist Juni und Nina hat Punkt 16 Uhr auf einer Bank im Park gestillt. Als sie danach eine Cola kauft und die Verkäuferin der müden Frau eine Marke in die Hand drückt, ist es noch eine Pfandmarke. Um 1,- Euro zurückzuerhalten, wenn die Cola denn mal ausgetrunken ist. Aber in Nina kippt ein Schalter, als sie die Pfandmarke entgegennimmt. Sie stört, dass 16 Uhr und Schmusen damit vorbei ist. Das ist, war nie ihre eigene Regel gewesen und überhaupt nicht ihre Welt: Gerne hätte sie ewig mit der Kleinen an ihrer Brust gesessen. Ewig am Schmusen. Und die Pfandmarke ist plötzlich ein Zeichen, eine Clubmarke für Mütter und ihre erfolgreichen Babies, die sich an Regeln halten müssen. Die es geschafft haben, sich zu überwinden. Ein blöder Club, zu dem Nina nicht dazugehören will. Sie schmeißt die Marke von sich und herrscht die verblüffte Imbissverkäuferin an. Macht mit dem Baby im Arm los. Von irgendeiner Straßenecke im Viertel perlt scheinbar hämisch Werbemusik zu ihr, der immer schneller laufenden Mutter mit ihrem Kind: „Alles Ware, Wahrsteiner."

Es folgt ein Klinikaufenthalt wegen Wahnvorstellungen. Von dort wird Nina mit einer Medikation entlassen, die Sedierung der Gedanken und Gefühle und eine allgemeine Schläfrigkeit bedingen. Die Ärzte sagen ihr nicht, dass sie das taubmachende Medikament ein Leben lang wird nehmen müssen. Das Baby wird früh abgestillt.

Auf dem Balkon

Die kommenden Jahre ziehen an Nina scheinbar ereignislos vorbei. Sie sind auch aus der Erinnerung grau und blass. Mal nimmt Nina die Medikamente: Dann ist sie passiv und wie gelähmt; verbringt Tage und Wochen im Bett. Mal verweigert sie die Medikamente: Dann ist die Welt zwar bunt, laut, lebenswert – aber parallel muss Nina die resultierenden Wahnvorstellungen, Konflikte mit der Familie, Freunden, Geschäftspartnern und der Gesellschaft in Kauf nehmen. Auf jeden Fall verfügt Nina nicht über die Ressourcen für eine Krise wie ihn ein Tod, in diesem Fall den Tod der eigenen Mutter, mit sich führt. Kurz bevor die Mutter starb, hatte sie eine großartige Idee. Heimlich, im Flüstern, in Abwesenheit des Kindes geäußert:

„Nina, ich ziehe zu Dir und dem Kind. Dann sind wir drei Generationen in einer Wohnung."

Da war eine Nachricht auf Ninas Anrufbeantworter. Eule will Nina sprechen. Persönlich; Nina soll zu ihm kommen so schnell es ihr möglich sei. Zu einem Zeitpunkt in ihrem Leben, an dem sie keine Medikamente nimmt. Mit einer dunklen Vorahnung steigt Nina in die Metro. Eule steht in seiner Küche, als er mit der Hand eine Ebene über dem Boden andeutet: „Abgelebt. Du brauchst nicht mehr versuchen, sie anzurufen". Nina will sofort gehen.

Sagt, wünscht nichts mehr und verschwindet aus seiner Wohnung auf die Straße.

Sie weiß im Ungefähren, was sie tun wird. Laufen erstmal, den Weg über viele Seitenstraßen nach Hause. Die Kirche lässt sie links liegen. Nina scheint, sie sei eins mit dem offenen Himmel. Im Laufen, ja Rennen braut sich etwas über ihr zusammen. Eine Wolke, die riesiger wird, und die sich plötzlich im Regen entlädt. Es regnet Gewalten. Früher, da hat sie bei Sommerregen mit der Mutter nackt im Garten getanzt. In einer Kindheit, die schon lange Vergangenheit ist.

Nina weiß, was sie tun wird. Entledigt sich, nach zwei Stunden Wegzeit, in ihrer Wohnung der nassen Jacke und eilt auf den großen Balkon. Der Kastanienbaum vorm Haus wird vom Wind gepeitscht und Nina setzt sich dem Regen, dem Blitz und dem Donner aus. Sie friert in schnellen Schüben und scheint nicht mehr Herr über ihren eigenen Leib. Leiten Nina Instinkte? Dringen die aus ihrem Selbst? Oder imitiert sie etwas, einen Primitiven, einen Primaten, irgendein Tier? Es sind rhythmische Mächte, die Nina weinend zucken lassen. Eingebettet in den großen Reigen aus Werden und Vergehen. Aber Nina kann noch so lange auf dem Balkon strampeln; ihre Mutter wird es nicht zurückbringen. Sie schreit blind vor Trauer, inzwischen auf dem Balkon liegend. Die Straße versinkt im Regen.

Im Weinen? Aber der eiserne Balkon hält, das Haus stürzt nicht ein und auch der Kastanienbaum widersetzt sich und bleibt stehen.

Fähre zum Niemandsland

Es ist nachts und Nina ist wach. Sie sitzt auf dem Balkon, von wo aus ihr Auge eine Erzählung der Geschehnisse auf der Straße sucht und antrifft. Passanten laufen im Rhythmus ihrer Gedanken. Autos fahren und stoppen parallel zu ihren Gedankengängen. Hat Nina einen Geistesblitz, eine Idee, fahren die Autos schneller.

Es ist nachts und Nina ist immer noch wach. Zwei Wagen haben hintereinander angehalten. Die Fahrertür des hinteren Wagens öffnet sich und ein Mann steigt aus, läuft zu dem Wagen vor sich, dessen Fahrer das Seitenfenster herunterlässt. Für fünf Minuten reden die Beiden: Nur was wird da verhandelt? Nina vermag es im ersten Moment nicht zu begreifen. Dann steigt der Mann wieder in seinen eigenen Wagen, fährt los und kommt neben dem Vordermann zum Stehen. Durch nun zwei geöffnete Fenster unterhält man sich wiederholt. Dann sind beide Autos verschwunden.

Nina blickt auf eine leere Straße. Was tauschten die Männer aus? Mehr als Worte, Geld, einen Gegenstand, …. Über was wurde da gesprochen? Nina ist überzeugt, dass es in der Szene um den Tod ging. Sie war Zeuge, wie eine Fähre zum Niemandsland übersetzte. Was in einem Paralleluniversum geschah, wurde irdisch für Nina sichtbar gemacht.

Die zwei Männer waren Unsterbliche, Unpersonen – und haben entschieden, dass Nina wird weiterleben müssen.

Ahnin

Und von diesem Zeitpunkt an fühlt Nina sich sicher in einem Korsett aus Ritualen, die sie von dieser so wichtigen Frau, der Mutter, gelernt hat. Die Mutter als Vorbild, nach dem zu leben es sich noch lohnt. Ninas Schablone für einen richtigen Lebensstil. Inzwischen ohne Job – fast zeitgleich mit dem Tod ihrer Mutter erhält sie die Kündigung - kann sie nur weiter durchhalten im traditionellen Bild einer Hausfrau: Haushaltsführung, Einkaufen; stoisches Putzen - den Tag prägen Geschäfte, von denen Nina glaubt, dass Ihre Ahnen mütterlicherseits sie so erledigt haben. Marktbesuche, Blumenkäufe, Kochen, Backen; das Kind zur Schule bringen und abholen, überlieferte Spiele mit dem Kind.

Das einfache und rustikale Leben der Alten aus ihrer Biografie übt einen unglaublichen Reiz aus. Nina ist nicht mehr sie selbst, sondern eine Mischung aus den Ahnen mütterlicherseits. Es fällt ihr auf, wie geworden sie ist aus einem Gedächtnis von Weiblichkeit. Erinnerungen an die Familie ihrer Mutter, was die Frauen dort ihr vorgelebt hatten. Polaroids aus der Vergangenheit, die ihre Identität so stark prägen. Auf unerklärlichen Wegen hat sie deren Erbe anzutreten. Ja, es ist als drängten die Ahnen in sie ein, hätten ihren Geist übernommen. Nina kann nicht mehr unter ihrem Vornamen sein und auf diese Art weitermachen. Sie ist überzeugt, dass sie aus ihrem Mädchennamen, dem Namen, den sie auch als junge Frau trug, hinausgewachsen ist. Sie muss an die Stelle ihres Namens einen anderen setzen, so heißen wie andere Mütter vor ihr, wie eine groß-gewordene Mutter, wie DIE große (ihre) Mutter.

Und so gestimmt fährt Nina zum Rathaus. Nimmt die Stufen bis zur Eichentür, hinter der sich zwischen vielen Treppen doch das Büro für Namensumbenennungen befinden muss, wird empfangen von einem Gewirr aus Schildern, Türen, Fluren. Die im Rathaus Verantwortlichen und Nina sprechen nicht dieselbe Sprache. Nina kann ihre Wahrheit - dass alle Frauen in der Reife einen anderen Namen bekommen müssen - nicht vermitteln. Diese Vorstellung verstößt gegen die Gesetze der Moderne.

Handarbeiten

Nina möchte – ganz im Sinne ihrer Mutter – mehr mit den Händen tun, ja sie will selbst traditionelle Handarbeit pflegen und das Wissen darüber weitergeben. Also bietet sie einen Kurs für Handarbeiten an der Schule ihres Kindes an – bis es ihr untersagt wird. Für die Tage packt sie jeweils einen Korb mit bunten Utensilien. Zum Nähen, Basteln, Sticken, …. Nie vergisst Nina, eine Zimmerpflanze im Korb mitzunehmen: Um mehr Natürlichkeit in den Klassenraum zu bringen. Und dann legt sich Nina einen großgemusterten Schal um die Schultern (immer denselben) und fährt mit ihrem Equipment auf dem Fahrrad zur Schule ihres Kindes. Ninas Haar weht und sie kommt sich vor wie eine indianische Ureinwohnerin, die an der Stammesschule unterrichtet.

Saisonale Handarbeiten nennt Nina den Kurs, weil sie die Inhalte auf Jahreszeiten abstimmt. Und am Anfang läuft alles gut. Gemeinschaftlich werden in einem Jahr gefertigt: Pompons, wollene Freundschaftsarmbänder, Ostereier nach Serviettentechnik, Herbstteller, Collagen aus Herbstblättern. Zu Weihnachten wird mit Kartoffeln Papier bedruckt. Im dritten Schulhalbjahr dann möchte Nina den „Frauentag" und den „Kindertag" speziell begehen. Das sind deutsche, zumal ost-deutsche Festtage, aus der Ära ihrer eigenen Kindheit. Da geht was durcheinander … und Nina ignoriert, dass sie, eine psychotische Mutter, keine Sorge mehr tragen kann. Nicht für ihr eigenes Kind, nicht für andere Kinder. Es will nicht in ihren Kopf, dass sie sehr krank ist.

21

Passanten vor dem Haus

Nina fühlt sich nun in jeder Situation abgehört, beobachtet. Sie telefoniert; ruft Hugo zur Hilfe in die ehelich ehemals gemeinsam genutzte Wohnung. Sie denkt, er wisse einen Ausweg, könne helfen. Aber sobald er in der Wohnung eintrifft, packt er ein paar Dinge ein, macht das Kind fertig, um es mitzunehmen zu sich. Schon seit einer Weile betreut sie das Kind nur noch tageweise.

Jäh beginnt ein Streit, aber Nina ist nur halb im Geschehen. Während sie streitet, läuft sie immer wieder zum Fenster, von wo aus sie mit Bedeutungsideen das Geschehen auf der Straße verfolgt. Wie kommentieren „die Anderen", die Passanten auf der Straße, durch ihr Verhalten, durch Bewegungen, was hier in der Wohnung im Moment passiert? U.a. beobachtet Nina ein Passanten-Paar: Die Frau scheint zu schwanken, zu torkeln – und hält sich an einem Mann fest. Handelt die Szene von einer, Ninas zerrütteter Beziehung? Befindet sie sich in einer häßlich-wankelnden Abhängigkeit? Es ist wie immer: Ninas Fragen bleiben ohne Antwort.

Alles scheint perfekt inszeniert, d.h. ohne dass Nina hinter die Kulissen blicken dürfte. In manchen Situationen ist Nina so wütend, dass sie auf die Straße läuft und Fremde zur Rede stellt. Die wissen von nichts, werden ebenfalls aggressiv. Also hat Nina sich an das Spiel gewöhnt: Es sind keine

Feinde mehr, aber auch eben keine Freunde. Unnahbar wollen „die Anderen", die ihr Leben spielend kommentieren, bleiben, wollen nicht involviert werden. Als würden sie die Flucht ergreifen, ihre Absichten verschwinden, sobald Nina eine Frage stellt. Sie, „die Anderen" sind auf der Jagd nach Ninas Gedanken und Gefühlen und sie versucht sich ihnen erfolglos entgegenzustellen. Wie an Ketten hängen diese Wesen an einem Karussell, das Ninas Schicksal dreht. Angetrieben durch den Motor einer Suche, die Nina innewohnt.

Haus

Ninas Wohnung befindet sich im Zentrum von Paris. Hier lebte und liebte sie mit Hugo, einem Franzosen. Ist bei ihm eingezogen, wurde eine Ehefrau, hat das Kind geboren. Aktuell quillt der Briefkasten vor Papier über. Briefe, die Nina alarmieren, die ihr Angst machen. Meist handeln sie vom Kind und warum es immer wieder zum Vater geholt wird.

Der Großpapa kommt in die Stadt und sitzt ihr am großen Eßtisch gegenüber. Er sagt, die Briefe brauchen eine Reaktion und zückt noch mehr Papiere. Nina starrt auf das papierne Chaos. Ein Tohuwabohu, das die Blätter produzierende Kastanie vor dem Haus anrichtet, glaubt Nina. Die Kastanie lebt von diesen Blättern, und gerade ist sie nicht mehr zu bändigen. Es erscheint Nina sinnlos, auf die vielen Briefe zu antworten. Sie kommt der Kastanie, der Blätterproduktion nicht hinterher. Also vernichtet Nina alle Post. Sie denkt sich ihre eigene Adresse, die Hausnummer 41, als Markierung, dass sie sich in schlimmen Tagen zu Beginn eines Krieges befindet. Sie muss nur Geduld haben, bis in einem Paralleluniversum die Ziffer 45 erreicht ist.

Von Amtswegen klingelt einmal ein Fremder. Er sagt, er sei hier wegen der Briefe. Nina weint, kann sich aber nicht entschließen, ihn einzulassen und verriegelt die Tür wieder. Die „Anderen" haben vermeintlich einen Schlüssel. Obwohl Nina im Verlaufe der Monate, der Jahre, die sie hier zunehmend allein haust, das Schloß mehrfach kompliziert austauscht.

Das Haus – Ninas wachsame, alte Burg. Das Haus, in dem Nina lebt, hat eine samtige Fassade und gußeiserne Balkone. Maklerportale nutzen Fotos von diesem, benachbarten prächtigen Häusern, um Käufer aufmerksam zu machen. Auch Touristen zücken Fotoapparate, wenn sie vor dem Haus stehen. Vogelschwärme die sich in der Nähe im Himmel versammeln und Kreise um Nina auf dem Balkon drehen.

Noch ist Nina nicht arm, verfügt über eine Menge Geld. Warum hat sie gerade in diesem Haus eine Wohnung bezogen? Vor ihr lebte ein Alkoholiker in der Wohnung. Es heißt, er wurde tot hinausgetragen. Und weshalb lebt nun Nina hier? Wieso gerade sie? Nina hat eine Antwort darauf erfunden, gefunden. Weil Neptun, der Urvater aller Mädchen und Frauen, der Gebieter von Meerjungfrauen, das Haus besitzt. Über Umwege, die für Menschen nicht transparent sind, hat er das Haus erworben. Zur Erinnerung ist Neptuns Konterfei regelmäßig in die Fassade gearbeitet. So wacht er über alle Mütter mit Töchtern, ragt über den Fenstern, wie über dem Fenster der Wohnung, in dem Nina mit ihrem Mädchen lebt, so dass er die Mutter-Mädchen-Einheit beschützen kann. Sein Schutz, so denkt Nina, wird bis ins achte Lebensjahr der Tochter andauern. Dann wird das weltliche Schicksal eine Lösung finden.

Der Besitzer des Caféhauses im Parterre ist Neptuns geheime rechte Hand, sein Hausmeister. Nina und er kennen sich seit den 90ern vom Grüßen; er weiß um ihre gegenwärtige Situation. Wenn Nina das Haus verlässt, steht er oft neben der Eingangstür; vor dem Caféhaus empfängt er seine Gäste. Durch seinen muskulösen Körper streckt Neptun Nina die schützende Hand entgegen, passt doppelt auf sie auf. Ihn umgibt eine Wolke süßlichen Geruchs. Ja, Nina ist empfänglich geworden für Gerüche jeder Art.

Jedes Mal, wenn die Gerüche auftreten, ist Nina irritiert und sucht nach einer Ursache. Vergeblich, denn die Gerüche werden in ihrem Kopf produziert und spielen sich allein dort ab. Es sind Halluzinationen. Von Zeit zu Zeit tauchen sie auf, dann aber plötzlich und stark. Intensiv und konkret. Und Nina kann keine Quelle ausmachen; sie ist ja meist mit sich allein. Z.B. riecht es überraschend im Treppenhaus nach Bratkartoffeln, Parfüm, Pudding, Teer, süßem Gras ... ohne, dass Nina sich dessen erwehren kann, ist ihr Geruchssinn voll belagert.

Musiktruhe

Im Keller des sechsstöckigen Altbaus steht eine Musiktruhe. Alt, belastend. Ein Freund hatte sie Nina und Hugo zur Hochzeit geschenkt und liebevoll mit lauter Schallplatten bestückt. Die Truhe ist von großer Schwere, behäbig, beinahe unbeweglich. Der große, metallene Transformator im Innern der Truhe scheint die Geschehnisse im Haus, das Leben von Nina auf ungute Art und Weise zu beeinflussen. Er ist das fassbare Gewissen einer Ehe, die geschieden werden wird. Die Musiktruhe muss zerlegt werden; sie gehört weggeschafft. Nina macht sich an die Arbeit. Erst entkernt sie die Musiktruhe von den Eisenteilen, indem sie mit einer Zange die Verbindungen der Eisenteile untereinander und zur Hülle kappt. Dann zersägt Nina die Sperrholzhülle, zerlegt das zähe, schwere Gerät in seine Einzelteile. Es sind anstrengende, befreiende Tätigkeiten und nicht alles kann Nina allein die Kellertreppe hoch- und zu den Mülltonnen tragen. Beim Transport helfen zwei gütige Nachbarn (wissen sie um die Geschichte der Musiktruhe?). Schwer fallen die Reste des Ungetüms in die Mülltonne.

Radio und unsichtbares Kind

Ninas Lebenssituation wird ihr nun durch das Radio vorgespielt, vorgespiegelt. Sie interpretiert in jede Nachricht den Gedanken, das Gefühl, die Welt sei durcheinandergeraten. Parallel laufen in diesen Wochen vor dem Gericht die Scheidung und die Sorgerechtsverhandlungen um das Kind. Frauen – denn Nina denkt, sie könne nicht die Einzige sein – sollen in der schlimmen Lage zusammenhalten. Insbesondere die Morgenmoderation appelliert täglich an Nina, andere Frauen in ihrer Situation, Durchhaltevermögen zu zeigen. Die Phase ohne Kind durchstehen. … und so richtet sich Nina im Haushalt mit einem Kind ein, das nicht mehr da ist. Dessen Anwesenheit sie aber zu spüren glaubt. An den Abenden hinterlässt sie dem Kind auf dem AB des Vaters Nachrichten, was es gleich zum Abendbrot gibt. Sie deckt 2 Teller, liest laut in der einsamen Wohnung die abendliche Lektüre an Kinderbüchern vor, bringt ihre unsichtbare Tochter mit einer Hörbuch-CD ins Bett.

In der Wohnung: Verstörung

Fotografien aus der Vergangenheit hat Nina in der Badewanne verbrannt. Bis auf wenige, die schönsten Aufnahmen, vor allem mit dem Kind. Denn Fotos, glaubt Nina, berauben die Seele.

Freunde und Familie verwickeln Nina am Telefon in Diskussionen. Man redet aneinander vorbei – Nina versteht kaum noch, von was die Gespräche handeln. Man will sie zurückholen in eine Realität, die Nina nicht akzeptiert, die für Nina nicht mehr akzeptabel ist. Nina ist ganz Gegenwart, der Moment. Ihr Reich, ihr Asyl ist die Wohnung. Die „Anderen" beobachten sie zwar auch hier, aber sie behüten im gleichen Zug ihr Leben. Nachbarn umzingeln Nina mit Poltern, Schritten, Stimmen, Geräuschen, Gesprächen. Das alles dringt zu ihr. Und andersherum laufen Ninas Gedanken zu den „Anderen" aus, sind unhaltbar.

Nina ist die Störung im Zentrum, die die Menschen im Haus, im Viertel durcheinanderbringt. Die Steckdosen in der Wohnung bilden Gänge, durch die ihre Existenz nach außen dringt. Nina muss sich abschotten. Um eins zu sein mit den wohltuenden Geräuschen ihrer eigenen Existenz. Langsam wärmt sie ein Stück Knete mit den Händen auf. Nina stopft Knete in die Steckdosen; dichtet das Tor zur Außenwelt ganz sorgfältig ab. Was folgt ist Stille. Ninas Wahrnehmung intensiviert sich und sie zoomt sich auf zwei Gegenstände ein. Sie fangen ihren Blick in beinahe zeitlicher Parallelität ein: Es sind ein Laptop und der Breitbandbildschirm.

Nina packt den Laptop auf den Tisch und legt sich einen Hammer bereit. Mehrmalige Schläge voller Kraft auf den Laptop, bis ein Gehäuse aufplatzt. Nicht beim ersten Schlag, aber nach einer Weile ununterbrochenen Einhauens. Zerstörung zeichnet die Hülle zunehmend. Noch am selben Nachmittag findet Nina Straßenecken weiter einen Schrottplatz, zu dem sie - eine verstörte Frau - den 18-Zoll-Bildschirm hinschleppt, ihn abwirft.

Nina ist nun einsam in einer Wohnung, die nach ihrer Vorstellung energetische Adern durchziehen. Ohne störende Unterhaltung ist die Wohnung ein großes, bereinigtes Feld. Sie wird nur noch von Geräuschen durchdrungen, die hier reingehören. Das Summen des Kühlschrankes, das Wasser beim Hahnaufdrehen, die knarrenden Dielen erscheinen ihr voll Intensität, Schönheit, Zähigkeit, Langsamkeit. Urvölker wie die Aborigines machen ausschließlich aus den Geräuschen ihres Umfeldes Musik.

Sofa

Nina schafft sich ein Sofa an. Das hatte sie im Zusammenleben mit Hugo nie. Lümmeln, gemütlich liegen, ausruhen … schienen dazumal fern angesichts seines und ihres Jobs und eines Leistungsanspruches, der auch in den eigenen vier Wänden nicht endete. Früher nahmen beide häufig Arbeit mit nach Hause. Jetzt hat Nina keinen Job, aber eine aufreibende Zeit als Hausfrau.

Sie zieht sich Zuhause immer mehr zurück. Hat den Blick auf dem Balkon oder durchs Fenster auf die Außenwelt gerichtet. Steht sie so da, so scheint ihr das neue Sofa im Zentrum der Wohnung, aus ihrer Position hinterrücks, lebendig. Nina ist, als hätte es Kräfte, würde es mit seinen Lehnen an ihren Schenkeln, ihrem Hintern magnetisch knabbernd zerren. Auch von Weitem, wie ein hypnotisierendes Tier. Wer spinnt hier? Nina oder das Sofa. Denn das Sofatier raunt ihr mit diesen Anzüglichkeiten zu „Tritt ein paar Schritte zurück, auf mich zu. Und dann setz´ Dich mit Deinem Hintern auf mich drauf." So zieht, ja saugt das Sofa Nina in seine Mitte, in die Wohnungsmitte ein.

Buchhändler

Nina geht viel aus. Solange sie sich als Frau denken kann, geht sie schon tanzen. Und es ist, als wäre das ein Teil ihrer Biografie, dem sie sich in dieser kaputten Zeit mit besonderer Energie widmet. Verbringt die Nächte in Bars und Clubs. Tagsüber verlässt Nina kaum noch die Wohnung, abgesehen von regelmäßigen Gängen zum Supermarkt und einmal die Woche zur Buchhandlung.

Der Buchhändler ist ein schöner, zartgliedriger Mann – und, wie sie denkt, ein feiner Mensch. In dieser Phase verfügt Nina bereits über sehr wenig Geld und diese Not überträgt sie auf ihre Mitmenschen. In ihrem psychotischen Wahn sind weiterhin Kriegszeiten. Dies ist Ninas Schlußfolgerung aus der Ausnahmesituation, in der sie sich selbst befindet, und überträgt ihr Not auf den Buchhändler. Sie möchte ihm etwas Gutes tun. Also bringt sie dem Händler Lebensmittel (Joghurts, Sandwiches, eingeschweißte Hacksteaks) aus dem nahegelegenen Supermarkt mit. Jeweils an Donnerstagen ist Nina immer dort, im besagten Buchladen. Warum gerade dort? Vermeintlich – und sicher in ihrer inzwischen absurden Realität von anderen Kunden, vom Händler beobachtet - blättert sich Nina an dem Kundentisch durch Kunstbände. Jede Woche entdeckt sie dadurch einen neuen Künstler. In Ninas Vorstellung sind die Künstler von den „Anderen" extra für diese Lektüre ausgewählt worden; ja man habe sie Seite für Seite für Nina gedruckt und ausgelegt. Eine wöchentliche Kursstunde: Nina nimmt in ihren eigenen Augen an einem bebilderten, begleiteten Kunstunterricht teil.

Diese Nina ist von der Gegenliebe des Händlers überzeugt und sie möchte ein Kind mit ihm zeugen. Zur Faschingszeit besucht sie die Buchhandlung in einem Polizeikostüm, das, wie für diesen Zweck wartend, schon lange in ihrem Kleiderfundus parat liegt. Der begehrte Mann sitzt am Eingang, an der Kasse. Dort überreicht ihm die Frau ihren Regelkalender. Sie hat ihn extra mit sich geführt; der Mann soll ihre fruchtbaren Zeiten kennen.

Tanzen im Club

Wie in einem Traum bewegt sich Nina zwischen
Beton und stählernen Streben; der Elektroclub ist
ein entkernter Industriebau und die Menschen-
menge ist Beiwerk. Alles Lebendige ist Kulisse und
hat sich auf Ninas Kommen vorbereitet. Lack- und
Lederkleidung dominieren; einige sind halbnackt.
Die Musik brummt, dröhnt, bummert und sie alle,
die Anwesenden, sind Tiere, spezielle Insekten. Wie
ein Insektenschwarm tanzen sie rhythmisch auf
der Oberfläche des Meeres, der Tanzfläche.

Im Meer ist Nina der Fisch. So schwimmt sie in
der Menge und nur ihre Beine ankern sie auf dem
Boden. In einem großen Aquarium, über sich die
Diskokugel, vorn am DJ-Pult mächtige Musikbo-
xen. Geborgensein unter Mücken, Fliegen, Libellen
... solange sich Nina als Frau denken kann, geht
Nina tanzen ... heute eben Schwimmbewegungen,
weit, mit den Armen, während die Runde um Nina
gleichförmig zum Takt des auslösenden Stroms
tanzt. Flüchtige Kontakte. Wie: Ein Insektenclown,
der mit Nina im Nebel tanzt und sich nicht von ihrer
Seite bewegt. Nina fasst ihr (im Umdrehen entpuppt
sich eine Frau) ins spröde, dichtgelockte, schwarze
Haar. Nina sieht: Glänzend weiße Haut, rote Lip-
pen, Hosenträger, schwarze Hosen. Innig tanzen
beide Frauen eine Weile, berühren sich und dann

kann Nina nicht mehr. Sie wird sich an die Wand lehnen, in Hocke auf dem Boden.

Stunden vergehen und einmal ist Nina wieder am Tanzen und zwei Männer kommen hinzu, umgarnen sie. Es sind ein gestreiftes Zicklein und ein pickliger Löwe. Säugetiere aus der Wüste, und als sie Nina zu nahe kommen flüchtet sie zur Garderobe, aber das Zicklein folgt Nina zur Garderobe. Baut sich vor ihr auf und spricht: „Pass` auf Deine Kinder auf." Woher weiß es, dass Nina Mutter ist? Warum Mehrzahl? Wieso spricht der von mehreren Kindern, wo Nina doch zu diesem Zeitpunkt nur eines hat? Nina glaubt, Menschen umgeben Auren, die aus Kleinstlebewesen bestehen. Sie tragen die Namen ihres Wirts. Nina wird also von lauter N.s umgeben, und ihr Kind von lauter winzigen Kinderchen. Menschen sind nicht Eins, sondern Viele.

Geräusche im Hinterhof

Nina hat hörbaren Zugriff auf ihre Gedankengänge plus Gefühle. Und das funktioniert so: Ninas Schlafzimmer hat ein kleines Fenster zum Hinterhof. Für Nina eine Art Hinterkammer – sie unterscheidet nicht, ob jene im Herz oder im Hirn versteckt ist. Aber zu Beidem öffnet ihr diese Nische Wege, senden die „Anderen" Nina durch den Hinterhof akustische Signale. Geräuschpegel im Hof, Aussetzer, Worte, Dialoge scheinen ihr Kommentare auf Gedachtes. Beim Einschlafen, in den Nächten, in der Zeit vor dem Aufstehen sperrt sie daher lange ihre Ohren auf, um herauszuhören, was der Hof ihr vermitteln will. Der Wert, die Richtigkeit von Gedanken wird beurteilt. Dabei erscheinen ihr die Kommentare so laut, dass das Trommelfell schmerzt. Zuzuhören erfordert Konzentration, und Ninas Nerven sind auf's Äußerste angespannt. Es ist sehr anstrengend, derart gespannt hinzuhören. Jedes Geräusch hat eine Bedeutung, die auf Ninas Gedanken zielt, und so muss sie Denken und darf beim Interpretieren nichts verpassen. Die „Anderen", die da im Hof wispern, wissen um ihre Situation und wollen ein Geheimnis dahinter offenbaren – aber Nina kapiert es nicht. Was bleibt ist das ungelöste Rätsel. Auch Fahrradständer befinden sich auf dem Hinterhof. Für das Knacken, das die Fahrradschlösser beim Ein- und Ausrasten abgeben ist

Nina besonders empfänglich. Das ist eine Markierung von Gedanken. Damit wird gekennzeichnet, wenn ihre Gedankengänge in die richtige Richtung gehen, Nina Geistesblitze hat.

Er verschwindet

Eines Tages kreuzt auf dem Weg zum Supermarkt Hugo ihren Weg. Von Weitem; er beschleunigt und wechselt die Straßenseite, als er ihrer ansichtig wird. Ganz offenbar will er ihr ausweichen, nicht begegnen. Grau ist er geworden, grauer als sie ihn das letzte Mal sah. Bald wird er ganz weiß werden. Es ist eine Vorstufe zu seinem Verschwinden; ein grauer Nebel, der sich verflüchtigen wird. Eines Tages wird er so verschwunden sein, dass ihr gemeinsames Kind wieder zu Nina zurückkommt. Das Kind wird bald wieder bei ihr leben. Für immer. Und alle diese ihr unverständlichen Anschuldigungen bezüglich einer bizarren Krankheit, dass ihr Kind ihr immer wieder genommen wurde, werden ein Ende haben. Keine gerichtlichen Auseinandersetzungen mehr, keine Anklagen.

Da ist sich Nina ganz sicher und stolziert später durch die Automatiktür den Supermarkt. Mit vollen Einkaufstüten; sie wird sich und ihr Kind satt bekommen. Ganz beseelt ist Nina von dem Gedanken der Sattheit und so fällt ihr Auge auf einen groß gewachsenen, korpulenten Hund. Der Hund ist wohlgenährt und glänzt schwarz wie jener eigene Schlund, den sie befriedigen wird.

Hunde

In jenem fortgeschrittenen Stadium echoen Hunde, ihre Gestalt Ninas Gedanken und Gefühle, geben ihnen eine Form. Ninas Chemie findet einen Platz im Anblick von Hunden. Nina ist jenseits der Realität, hat sich in ihrem Wahn eingerichtet.

Es ist der Tag der offiziellen Trennung gekommen und vom Scheidungsgericht aus laufen Nina und ihr Ex-Mann noch ein Stück gemeinsam, als Nina zwei große Hunde erspäht. Verspielte Windhunde sind es und sie balgen miteinander. Blond sind sie oder eher in einem verschmutzten Weiß, so interpretiert das Nina. Weil sie und Hugo sich geliebt, sich benutzt, Abgründe offenbart und schmerzende Narben davongetragen haben. Beide geschundene Seelen, die grobe Kämpfe austrugen, miteinander durch den Dreck gegangen sind. Nina glaubt, Hunde bewegen sich atmosphärisch im Zwischenraum, der unter Menschen besteht. Sie füllen ihn plastisch aus je nach Stimmungen, Schwingungen, Prägungen von Menschen.

Bäume

Bei offenem Fenster kann Nina es hören: Zahlreiche Mütter mit Kinderwägen versammeln sich zu einer Demonstration rund um den Kastanienbaum vor dem Altbau. Laut proklamieren sie: „Es [Dein Kind] will nach Hause". Es ist eine schlimme Zeit: Nina hat das Kind Monate nicht gesehen. Weil sie sehr krank sei… Also läuft sie rasch nach unten vor die Tür, um die Geschöpfe zu sehen, die sie da unterstützen. Sie stellt sie sich vor wie Figuren von Magritte (einheitlich, bürgerlich, puppenhaft). Aber als Nina aus der Haustür tritt, ist da niemand. Die Demonstration scheint aufgelöst; die Mütter mit ihren Kinderwägen sind von der Erdoberfläche wie verschluckt.

Nina steht allein vor dem Kastanienbaum wie vor einer rigorosen Macht. Es scheint ihr, als sei die Existenz des Baumes und ihre eigene miteinander verwoben. Darüber denkt Nina intensiv nach, es beschäftigt sie die kommenden Wochen und Monate, immer, wenn sie im Viertel unterwegs ist. Nina denkt sich dann nicht mehr den Menschen als Krone der Schöpfung, sondern einen Kranz aus Wesen (Pflanzen, Tiere, Menschen), die miteinander, nebeneinander verwachsen sind.

Nina ist nur der Teil eines großen Ganzen. In ihrer Vorstellung wurde das Viertel aus dem brachialen Einfluss der Bäume, unterirdisch geschaffen. Der Clan der Bäume: Mit gebündeltem Willen hat er pflanzenorientierte, intelligente, zielgerichtete Vorhaben. Gerichtete Energien, die da das Leben auf der Erde bestimmen. Bauvorhaben vor Ort, die Geschäfte, der Typus Mensch, der hier lebt – alles hat seinen Ursprung in einem abgestimmten Geheimnis: dem der Bäume.

Beispiele? A) Die ältesten Bäume trugen Sorge, dass sie nicht gefällt wurden, beeinflussten die Gründung einer Bürgerinitiative aus Menschen, die sie rettete. B) Ein Copyshop an der Ecke steht ebenda, um die Produktion gedruckter Blätter, den Zyklus aus Recycling, Photosynthese und gedrucktem Papier in Fluss zu halten. C) Ein maritimes Restaurant wurde gegenüber vom Park eingerichtet. Warum? Weil Nina mit ihrem Kind so gern an die Ostsee fährt. Die Bäume, sie werden sich dafür stark machen, dass sie es eines Tages wieder können wird ... Weil die Namen der physischen Phänomene vor Ort (neben Geschäften auch ansässige Familien, Straßen, Plätze, ...) nicht zufällig sind. Sie sind Ausdruck von dem Fortgang der Zivilisation an diesem Ort, der Vergangenheit von Nina, ihrer Familie. Hier hat sich das Pflanzengeschlecht (das an aller Anfang stand) verewigt.

Geburt

Nächtens, im ebenen, gleichmachenden Zustand des Schlafes, werden die Knochen dieser Frau zu hölzernen Gebeinen und in blitzartigen Aktionen (es zuckt sie) wächst ihr Nervensystem parallel zu dem des Kastanienbaumes vor dem Haus.

Plötzlich diese eine Nacht, in der die Kraft in ihrem Körper nicht mehr genügend Raum findet und die Zuckung sie in Wellen überflutet und ein unsichtbares Geschöpf aus Nina herausschwemmt. Das Geschöpf kann schwimmen, es taucht ein in imaginäres Gewässer, das aus ihr mitströmend den Boden des Schlafzimmers nach und nach bedeckt.

In der Klinik, in der sie just nach diesem Ereignis auf lange Zeit untergebracht werden wird, wird Nina sagen; „Ein zweites Kind." Und der anwesende Arzt wird mit den Worten reagieren: „Wir wissen nur von einem Kind."

Epilog: Outsider

Auf dem Vorplatz der Kliniken stehen sie und qualmen Zigarettenrauch in die Luft. Im Wahn, da spürten sie Eins-Sein mit dieser Stadt und der umgebenden Natur. Eine ungeahnte Bedeutsamkeit zog sich durch alles und sie erkannten Zusammenhang im Lebendigen. Bedeutsam schillerte im Wahn ihr kleines Leben. Diese Logik ist nun vorbei. Zigaretten mildern die Nebeneffekte der Medikation, die den Wahn nimmt, aber taub und beinahe leblos macht. Ein vegetatives Sein, aber Hey: Sie sind nicht tot. Waren lange auf einer quälenden Suche nach dem Sinn ihrer Existenz, einer sinnlicheren Existenz. Das genaue Hinhören und Aufeinander-Aufpassen haben sie in einer Gruppe nicht verlernt. Und vielleicht schweigt Nina am Lautesten, am Brutalsten? Es gibt so viel zu sehen, wenn der Blick sich einmal einen Weg zwischen die üblichen Lebensmuster aus Arbeit und Freizeit bahnt. Hinter die Kulissen eines nach außen hin perfekten Lebensplans.

Quellenangaben:

Die Ärzte. „zeiDverschwÄndung". Von Dirk Felsenheimer. *auch.* Hot Action Records, 2012. CD.

Delay, Jan. „Ich möchte nicht, dass Ihr meine Lieder singt!" Von Jan Delay. *searching for the jan soul rebels.* Buback Tonträger GmbH, 2001. CD.

Nietzsche, Friedrich: Also sprach Zarathustra. Bd. 2. Chemnitz, 1883. S. 39.

Ein Dankeschön geht raus an:

Andreas, Anna, Eva, Ilja, Kathrin, Lisa, Robert,
Sabine, Silvia und Tino.